全国人民代表大会常务委员会公报版

中华人民共和国
反有组织犯罪法

中国民主法制出版社

图书在版编目（CIP）数据

中华人民共和国反有组织犯罪法／全国人大常委会办公厅供稿．—北京：中国民主法制出版社，2022. 1

ISBN 978-7-5162-2750-3

Ⅰ．①中…　Ⅱ．①全…　Ⅲ．①反有组织犯罪法—中国
Ⅳ．①D922. 14

中国版本图书馆 CIP 数据核字（2022）第 004822 号

书名／中华人民共和国反有组织犯罪法

出版・发行／中国民主法制出版社
地址／北京市丰台区右安门外玉林里 7 号（100069）
电话／（010）63055259（总编室）　63058068　63057714（营销中心）
传真／（010）63055259
http://www. npcpub. com
E-mail:mzfz@ npcpub. com
经销／新华书店
开本／32 开　850 毫米×1168 毫米
印张／1. 5　**字数**／23 千字
版本／2022 年 1 月第 1 版　2022 年 5 月第 2 次印刷
印刷／三河市宏图印务有限公司

书号／ISBN 978-7-5162-2750-3
定价／8. 00 元

目　　录

中华人民共和国主席令

第一〇一号

《中华人民共和国反有组织犯罪法》已由中华人民共和国第十三届全国人民代表大会常务委员会第三十二次会议于 2021 年 12 月 24 日通过，现予公布，自 2022 年 5 月 1 日起施行。

中华人民共和国主席　习近平

2021 年 12 月 24 日

中华人民共和国
反有组织犯罪法

（2021 年 12 月 24 日第十三届全国人民代表大会常务委员会第三十二次会议通过）

目　　录

第一章　总　　则

第一条　为了预防和惩治有组织犯罪，加强和规范反有组织犯罪工作，维护国家安全、社会秩序、经济秩序，保护公民和组织的合法权益，根据宪法，制定本法。

第二条　本法所称有组织犯罪，是指《中华人民共和国刑法》第二百九十四条规定的组织、领导、参加黑社会性质组织犯罪，以及黑社会性质组织、恶势力组织实施的犯罪。

本法所称恶势力组织，是指经常纠集在一起，以暴力、威胁或者其他手段，在一定区域或者行业领域内多次实施违法犯罪活动，为非作恶，欺压群众，扰乱社会秩序、经济秩序，造成较为恶劣的社会影响，但尚未形成黑社会性质组织的犯罪组织。

境外的黑社会组织到中华人民共和国境内发展组织成员、实施犯罪，以及在境外对中华人民共和国国家或者公民犯罪的，适用本法。

第三条　反有组织犯罪工作应当坚持总体国家安全观，综合运用法律、经济、科技、文化、教育等手段，建立健全反有组织犯罪工作机制和有组织犯罪预防治理体系。

第四条 反有组织犯罪工作应当坚持专门工作与群众路线相结合，坚持专项治理与系统治理相结合，坚持与反腐败相结合，坚持与加强基层组织建设相结合，惩防并举、标本兼治。

第五条 反有组织犯罪工作应当依法进行，尊重和保障人权，维护公民和组织的合法权益。

第六条 监察机关、人民法院、人民检察院、公安机关、司法行政机关以及其他有关国家机关，应当根据分工，互相配合，互相制约，依法做好反有组织犯罪工作。

有关部门应当动员、依靠村民委员会、居民委员会、企业事业单位、社会组织，共同开展反有组织犯罪工作。

第七条 任何单位和个人都有协助、配合有关部门开展反有组织犯罪工作的义务。

国家依法对协助、配合反有组织犯罪工作的单位和个人给予保护。

第八条 国家鼓励单位和个人举报有组织犯罪。

对举报有组织犯罪或者在反有组织犯罪工作中作出突出贡献的单位和个人，按照国家有关规定给予表彰、奖励。

第二章 预防和治理

第九条 各级人民政府和有关部门应当依法组织开

展有组织犯罪预防和治理工作，将有组织犯罪预防和治理工作纳入考评体系。

村民委员会、居民委员会应当协助人民政府以及有关部门开展有组织犯罪预防和治理工作。

第十条　承担有组织犯罪预防和治理职责的部门应当开展反有组织犯罪宣传教育，增强公民的反有组织犯罪意识和能力。

监察机关、人民法院、人民检察院、公安机关、司法行政机关应当通过普法宣传、以案释法等方式，开展反有组织犯罪宣传教育。

新闻、广播、电视、文化、互联网信息服务等单位，应当有针对性地面向社会开展反有组织犯罪宣传教育。

第十一条　教育行政部门、学校应当会同有关部门建立防范有组织犯罪侵害校园工作机制，加强反有组织犯罪宣传教育，增强学生防范有组织犯罪的意识，教育引导学生自觉抵制有组织犯罪，防范有组织犯罪的侵害。

学校发现有组织犯罪侵害学生人身、财产安全，妨害校园及周边秩序的，有组织犯罪组织在学生中发展成员的，或者学生参加有组织犯罪活动的，应当及时制止，采取防范措施，并向公安机关和教育行政部门报告。

第十二条　民政部门应当会同监察机关、公安机关等有关部门，对村民委员会、居民委员会成员候选人资格进行审查，发现因实施有组织犯罪受过刑事处罚的，应当依照有关规定及时作出处理；发现有组织犯罪线索的，应当及时向公安机关报告。

第十三条　市场监管、金融监管、自然资源、交通运输等行业主管部门应当会同公安机关，建立健全行业有组织犯罪预防和治理长效机制，对相关行业领域内有组织犯罪情况进行监测分析，对有组织犯罪易发的行业领域加强监督管理。

第十四条　监察机关、人民法院、人民检察院、公安机关在办理案件中发现行业主管部门有组织犯罪预防和治理工作存在问题的，可以书面向相关行业主管部门提出意见建议。相关行业主管部门应当及时处理并书面反馈。

第十五条　公安机关可以会同有关部门根据本地有组织犯罪情况，确定预防和治理的重点区域、行业领域或者场所。

重点区域、行业领域或者场所的管理单位应当采取有效措施，加强管理，并及时将工作情况向公安机关反馈。

第十六条　电信业务经营者、互联网服务提供者应当依法履行网络信息安全管理义务，采取安全技术防范措施，防止含有宣扬、诱导有组织犯罪内容的信息传播；发现含有宣扬、诱导有组织犯罪内容的信息的，应当立即停止传输，采取消除等处置措施，保存相关记录，并向公安机关或者有关部门报告，依法为公安机关侦查有组织犯罪提供技术支持和协助。

网信、电信、公安等主管部门对含有宣扬、诱导有组织犯罪内容的信息，应当按照职责分工，及时责令有关单位停止传输、采取消除等处置措施，或者下架相关应用、关闭相关网站、关停相关服务。有关单位应当立即执行，并保存相关记录，协助调查。对互联网上来源于境外的上述信息，电信主管部门应当采取技术措施，及时阻断传播。

第十七条　国务院反洗钱行政主管部门、国务院其他有关部门、机构应当督促金融机构和特定非金融机构履行反洗钱义务。发现与有组织犯罪有关的可疑交易活动的，有关主管部门可以依法进行调查，经调查不能排除洗钱嫌疑的，应当及时向公安机关报案。

第十八条　监狱、看守所、社区矫正机构对有组织犯罪的罪犯，应当采取有针对性的监管、教育、矫正措施。

有组织犯罪的罪犯刑满释放后，司法行政机关应当会同有关部门落实安置帮教等必要措施，促进其顺利融入社会。

第十九条　对因组织、领导黑社会性质组织被判处刑罚的人员，设区的市级以上公安机关可以决定其自刑罚执行完毕之日起，按照国家有关规定向公安机关报告个人财产及日常活动。报告期限不超过五年。

第二十条 曾被判处刑罚的黑社会性质组织的组织者、领导者或者恶势力组织的首要分子开办企业或者在企业中担任高级管理人员的，相关行业主管部门应当依法审查，对其经营活动加强监督管理。

第二十一条 移民管理、海关、海警等部门应当会同公安机关严密防范境外的黑社会组织入境渗透、发展、实施违法犯罪活动。

出入境证件签发机关、移民管理机构对境外的黑社会组织的人员，有权决定不准其入境、不予签发入境证件或者宣布其入境证件作废。

移民管理、海关、海警等部门发现境外的黑社会组织的人员入境的，应当及时通知公安机关。发现相关人员涉嫌违反我国法律或者发现涉嫌有组织犯罪物品的，应当依法扣留并及时处理。

第三章 案件办理

第二十二条 办理有组织犯罪案件，应当以事实为根据，以法律为准绳，坚持宽严相济。

对有组织犯罪的组织者、领导者和骨干成员，应当严格掌握取保候审、不起诉、缓刑、减刑、假释和暂予监外执行的适用条件，充分适用剥夺政治权利、没收财产、罚金等刑罚。

有组织犯罪的犯罪嫌疑人、被告人自愿如实供述自己的罪行，承认指控的犯罪事实，愿意接受处罚的，可以依法从宽处理。

第二十三条 利用网络实施的犯罪，符合本法第二条规定的，应当认定为有组织犯罪。

为谋取非法利益或者形成非法影响，有组织地进行滋扰、纠缠、哄闹、聚众造势等，对他人形成心理强制，足以限制人身自由、危及人身财产安全，影响正常社会秩序、经济秩序的，可以认定为有组织犯罪的犯罪手段。

第二十四条 公安机关应当依法运用现代信息技术，建立有组织犯罪线索收集和研判机制，分级分类进行处置。

公安机关接到对有组织犯罪的报案、控告、举报后，应当及时开展统计、分析、研判工作，组织核查或者移送有关主管机关依法处理。

第二十五条 有关国家机关在履行职责时发现有组织犯罪线索，或者接到对有组织犯罪的举报的，应当及时移送公安机关等主管机关依法处理。

第二十六条 公安机关核查有组织犯罪线索，可以按照国家有关规定采取调查措施。公安机关向有关单位和个人收集、调取相关信息和材料的，有关单位和个人应当如实提供。

第二十七条 公安机关核查有组织犯罪线索，经县级以上公安机关负责人批准，可以查询嫌疑人员的存款、汇款、债券、股票、基金份额等财产信息。

公安机关核查黑社会性质组织犯罪线索，发现涉案财产有灭失、转移的紧急风险的，经设区的市级以上公安机关负责人批准，可以对有关涉案财产采取紧急止付或者临时冻结、临时扣押的紧急措施，期限不得超过四十八小时。期限届满或者适用紧急措施的情形消失的，应当立即解除紧急措施。

第二十八条 公安机关核查有组织犯罪线索，发现犯罪事实或者犯罪嫌疑人的，应当依照《中华人民共和国刑事诉讼法》的规定立案侦查。

第二十九条 公安机关办理有组织犯罪案件，可以依照《中华人民共和国出境入境管理法》的规定，决定对犯罪嫌疑人采取限制出境措施，通知移民管理机构执行。

第三十条 对有组织犯罪案件的犯罪嫌疑人、被告人，根据办理案件和维护监管秩序的需要，可以采取异地羁押、分别羁押或者单独羁押等措施。采取异地羁押措施的，应当依法通知犯罪嫌疑人、被告人的家属和辩护人。

第三十一条 公安机关在立案后，根据侦查犯罪的需要，依照《中华人民共和国刑事诉讼法》的规定，可以采取技术侦查措施、实施控制下交付或者由有关人员隐匿身份进行侦查。

第三十二条　犯罪嫌疑人、被告人检举、揭发重大犯罪的其他共同犯罪人或者提供侦破重大案件的重要线索或者证据，同案处理可能导致其本人或者近亲属有人身危险的，可以分案处理。

第三十三条　犯罪嫌疑人、被告人积极配合有组织犯罪案件的侦查、起诉、审判等工作，有下列情形之一的，可以依法从宽处罚，但对有组织犯罪的组织者、领导者应当严格适用：

（一）为查明犯罪组织的组织结构及其组织者、领导者、首要分子的地位、作用提供重要线索或者证据的；

（二）为查明犯罪组织实施的重大犯罪提供重要线索或者证据的；

（三）为查处国家工作人员涉有组织犯罪提供重要线索或者证据的；

（四）协助追缴、没收尚未掌握的赃款赃物的；

（五）其他为查办有组织犯罪案件提供重要线索或者证据的情形。

对参加有组织犯罪组织的犯罪嫌疑人、被告人不起诉或者免予刑事处罚的，可以根据案件的不同情况，依法予以训诫、责令具结悔过、赔礼道歉、赔偿损失，或者由主管部门予以行政处罚或者处分。

第三十四条　对黑社会性质组织的组织者、领导者，应当依法并处没收财产。对其他组织成员，根据其在犯罪组织中的地位、作用以及所参与违法犯罪活动的次数、性质、违法所得数额、造成的损失等，可以依法并处罚金或者没收财产。

第三十五条　对有组织犯罪的罪犯，执行机关应当依法从严管理。

黑社会性质组织的组织者、领导者或者恶势力组织的首要分子被判处十年以上有期徒刑、无期徒刑、死刑缓期二年执行的，应当跨省、自治区、直辖市异地执行刑罚。

第三十六条　对被判处十年以上有期徒刑、无期徒刑、死刑缓期二年执行的黑社会性质组织的组织者、领导者或者恶势力组织的首要分子减刑的，执行机关应当依法提出减刑建议，报经省、自治区、直辖市监狱管理机关复核后，提请人民法院裁定。

对黑社会性质组织的组织者、领导者或者恶势力组织的首要分子假释的，适用前款规定的程序。

第三十七条　人民法院审理黑社会性质组织犯罪罪犯的减刑、假释案件，应当通知人民检察院、执行机关参加审理，并通知被报请减刑、假释的罪犯参加，听取其意见。

第三十八条　执行机关提出减刑、假释建议以及人民法院审理减刑、假释案件，应当充分考虑罪犯履行生效裁判中财产性判项、配合处置涉案财产等情况。

第四章　涉案财产认定和处置

第三十九条　办理有组织犯罪案件中发现的可用以证明犯罪嫌疑人、被告人有罪或者无罪的各种财物、文件，应当依法查封、扣押。

公安机关、人民检察院、人民法院可以依照《中华人民共和国刑事诉讼法》的规定查询、冻结犯罪嫌疑人、被告人的存款、汇款、债券、股票、基金份额等财产。有关单位和个人应当配合。

第四十条　公安机关、人民检察院、人民法院根据办理有组织犯罪案件的需要，可以全面调查涉嫌有组织犯罪的组织及其成员的财产状况。

第四十一条　查封、扣押、冻结、处置涉案财物，应当严格依照法定条件和程序进行，依法保护公民和组织的合法财产权益，严格区分违法所得与合法财产、本人财产与其家属的财产，减少对企业正常经营活动的不利影响。不得查封、扣押、冻结与案件无关的财物。经查明确实与案件无关的财物，应当在三日以内解除查封、扣押、冻结，予以退还。对被害人的合法财产，应当及时返还。

查封、扣押、冻结涉案财物，应当为犯罪嫌疑人、被告人及其扶养的家属保留必需的生活费用和物品。

第四十二条　公安机关可以向反洗钱行政主管部门

查询与有组织犯罪相关的信息数据，提请协查与有组织犯罪相关的可疑交易活动，反洗钱行政主管部门应当予以配合并及时回复。

第四十三条 对下列财产，经县级以上公安机关、人民检察院或者人民法院主要负责人批准，可以依法先行出售、变现或者变卖、拍卖，所得价款由扣押、冻结机关保管，并及时告知犯罪嫌疑人、被告人或者其近亲属：

（一）易损毁、灭失、变质等不宜长期保存的物品；

（二）有效期即将届满的汇票、本票、支票等；

（三）债券、股票、基金份额等财产，经权利人申请，出售不损害国家利益、被害人利益，不影响诉讼正常进行的。

第四十四条 公安机关、人民检察院应当对涉案财产审查甄别。在移送审查起诉、提起公诉时，应当对涉案财产提出处理意见。

在审理有组织犯罪案件过程中，应当对与涉案财产的性质、权属有关的事实、证据进行法庭调查、辩论。人民法院应当依法作出判决，对涉案财产作出处理。

第四十五条 有组织犯罪组织及其成员违法所得的一切财物及其孳息、收益，违禁品和供犯罪所用的本人财物，应当依法予以追缴、没收或者责令退赔。

依法应当追缴、没收的涉案财产无法找到、灭失或者与其他合法财产混合且不可分割的，可以追缴、没收其他等值财产或者混合财产中的等值部分。

被告人实施黑社会性质组织犯罪的定罪量刑事实已经查清，有证据证明其在犯罪期间获得的财产高度可能属于黑社会性质组织犯罪的违法所得及其孳息、收益，被告人不能说明财产合法来源的，应当依法予以追缴、没收。

第四十六条　涉案财产符合下列情形之一的，应当依法予以追缴、没收：

（一）为支持或者资助有组织犯罪活动而提供给有组织犯罪组织及其成员的财产；

（二）有组织犯罪组织成员的家庭财产中实际用于支持有组织犯罪活动的部分；

（三）利用有组织犯罪组织及其成员的违法犯罪活动获得的财产及其孳息、收益。

第四十七条　黑社会性质组织犯罪案件的犯罪嫌疑人、被告人逃匿，在通缉一年后不能到案，或者犯罪嫌疑人、被告人死亡，依照《中华人民共和国刑法》规定应当追缴其违法所得及其他涉案财产的，依照《中华人民共和国刑事诉讼法》有关犯罪嫌疑人、被告人逃匿、死亡案件违法所得的没收程序的规定办理。

第四十八条　监察机关、公安机关、人民检察院发现与有组织犯罪相关的洗钱以及掩饰、隐瞒犯罪所得、犯罪所得收益等犯罪的，应当依法查处。

第四十九条　利害关系人对查封、扣押、冻结、处置涉案财物提出异议的，公安机关、人民检察院、人民法院应当及时予以核实，听取其意见，依法作出处理。

公安机关、人民检察院、人民法院对涉案财物作出处理后，利害关系人对处理不服的，可以提出申诉或者控告。

第五章　国家工作人员涉有组织犯罪的处理

第五十条　国家工作人员有下列行为的，应当全面调查，依法作出处理：

（一）组织、领导、参加有组织犯罪活动的；

（二）为有组织犯罪组织及其犯罪活动提供帮助的；

（三）包庇有组织犯罪组织、纵容有组织犯罪活动的；

（四）在查办有组织犯罪案件工作中失职渎职的；

（五）利用职权或者职务上的影响干预反有组织犯罪工作的；

（六）其他涉有组织犯罪的违法犯罪行为。

国家工作人员组织、领导、参加有组织犯罪的，应当依法从重处罚。

第五十一条　监察机关、人民法院、人民检察院、公安机关、司法行政机关应当加强协作配合，建立线索办理沟通机制，发现国家工作人员涉嫌本法第五十条规定的违法犯罪的线索，应当依法处理或者及时移送主管机关处理。

任何单位和个人发现国家工作人员与有组织犯罪有关的违法犯罪行为，有权向监察机关、人民检察院、公安机关等部门报案、控告、举报。有关部门接到报案、控告、举报后，应当及时处理。

第五十二条 依法查办有组织犯罪案件或者依照职责支持、协助查办有组织犯罪案件的国家工作人员，不得有下列行为：

（一）接到报案、控告、举报不受理，发现犯罪信息、线索隐瞒不报、不如实报告，或者未经批准、授权擅自处置、不移送犯罪线索、涉案材料；

（二）向违法犯罪人员通风报信，阻碍案件查处；

（三）违背事实和法律处理案件；

（四）违反规定查封、扣押、冻结、处置涉案财物；

（五）其他滥用职权、玩忽职守、徇私舞弊的行为。

第五十三条 有关机关接到对从事反有组织犯罪工作的执法、司法工作人员的举报后，应当依法处理，防止犯罪嫌疑人、被告人等利用举报干扰办案、打击报复。

对利用举报等方式歪曲捏造事实，诬告陷害从事反有组织犯罪工作的执法、司法工作人员的，应当依法追究责任；造成不良影响的，应当按照规定及时澄清事实，恢复名誉，消除不良影响。

第六章　国际合作

第五十四条　中华人民共和国根据缔结或者参加的国际条约，或者按照平等互惠原则，与其他国家、地区、国际组织开展反有组织犯罪合作。

第五十五条　国务院有关部门根据国务院授权，代表中国政府与外国政府和有关国际组织开展反有组织犯罪情报信息交流和执法合作。

国务院公安部门应当加强跨境反有组织犯罪警务合作，推动与有关国家和地区建立警务合作机制。经国务院公安部门批准，边境地区公安机关可以与相邻国家或者地区执法机构建立跨境有组织犯罪情报信息交流和警务合作机制。

第五十六条　涉及有组织犯罪的刑事司法协助、引渡，依照有关法律的规定办理。

第五十七条　通过反有组织犯罪国际合作取得的材料可以在行政处罚、刑事诉讼中作为证据使用，但依据条约规定或者我方承诺不作为证据使用的除外。

第七章　保障措施

第五十八条　国家为反有组织犯罪工作提供必要的组织保障、制度保障和物质保障。

第五十九条　公安机关和有关部门应当依照职责，建立健全反有组织犯罪专业力量，加强人才队伍建设和专业训练，提升反有组织犯罪工作能力。

第六十条　国务院和县级以上地方各级人民政府应当按照事权划分，将反有组织犯罪工作经费列入本级财政预算。

第六十一条　因举报、控告和制止有组织犯罪活动，在有组织犯罪案件中作证，本人或者其近亲属的人身安全面临危险的，公安机关、人民检察院、人民法院应当按照有关规定，采取下列一项或者多项保护措施：

（一）不公开真实姓名、住址和工作单位等个人信息；

（二）采取不暴露外貌、真实声音等出庭作证措施；

（三）禁止特定的人接触被保护人员；

（四）对人身和住宅采取专门性保护措施；

（五）变更被保护人员的身份，重新安排住所和工作单位；

（六）其他必要的保护措施。

第六十二条 采取本法第六十一条第三项、第四项规定的保护措施，由公安机关执行。根据本法第六十一条第五项规定，变更被保护人员身份的，由国务院公安部门批准和组织实施。

公安机关、人民检察院、人民法院依法采取保护措施，有关单位和个人应当配合。

第六十三条 实施有组织犯罪的人员配合侦查、起诉、审判等工作，对侦破案件或者查明案件事实起到重要作用的，可以参照证人保护的规定执行。

第六十四条 对办理有组织犯罪案件的执法、司法工作人员及其近亲属，可以采取人身保护、禁止特定的人接触等保护措施。

第六十五条 对因履行反有组织犯罪工作职责或者协助、配合有关部门开展反有组织犯罪工作导致伤残或者死亡的人员，按照国家有关规定给予相应的待遇。

第八章 法律责任

第六十六条 组织、领导、参加黑社会性质组织，国家机关工作人员包庇、纵容黑社会性质组织，以及黑社会性质组织、恶势力组织实施犯罪的，依法追究刑事责任。

境外的黑社会组织的人员到中华人民共和国境内发展组织成员、实施犯罪，以及在境外对中华人民共和国国家或者公民犯罪的，依法追究刑事责任。

第六十七条 发展未成年人参加黑社会性质组织、境外的黑社会组织，教唆、诱骗未成年人实施有组织犯罪，或者实施有组织犯罪侵害未成年人合法权益的，依法从重追究刑事责任。

第六十八条 对有组织犯罪的罪犯，人民法院可以依照《中华人民共和国刑法》有关从业禁止的规定，禁止其从事相关职业，并通报相关行业主管部门。

第六十九条 有下列情形之一，尚不构成犯罪的，由公安机关处五日以上十日以下拘留，可以并处一万元以下罚款；情节较重的，处十日以上十五日以下拘留，并处一万元以上三万元以下罚款；有违法所得的，除依法应当返还被害人的以外，应当予以没收：

（一）参加境外的黑社会组织的；

（二）积极参加恶势力组织的；

（三）教唆、诱骗他人参加有组织犯罪组织，或者阻止他人退出有组织犯罪组织的；

（四）为有组织犯罪活动提供资金、场所等支持、协助、便利的；

（五）阻止他人检举揭发有组织犯罪、提供有组织犯罪证据，或者明知他人有有组织犯罪行为，在司法机关向其调查有关情况、收集有关证据时拒绝提供的。

教唆、诱骗未成年人参加有组织犯罪组织或者阻止未成年人退出有组织犯罪组织，尚不构成犯罪的，依照前款规定从重处罚。

第七十条 违反本法第十九条规定，不按照公安机关的决定如实报告个人财产及日常活动的，由公安机关给予警告，并责令改正；拒不改正的，处五日以上十日以下拘留，并处三万元以下罚款。

第七十一条 金融机构等相关单位未依照本法第二十七条规定协助公安机关采取紧急止付、临时冻结措施的，由公安机关责令改正；拒不改正的，由公安机关处五万元以上二十万元以下罚款，并对直接负责的主管人员和其他直接责任人员处五万元以下罚款；情节严重的，公安机关可以建议有关主管部门对直接负责的主管人员和其他直接责任人员依法给予处分。

第七十二条 电信业务经营者、互联网服务提供者有下列情形之一的，由有关主管部门责令改正；拒不改正或者情节严重的，由有关主管部门依照《中华人民共和国网络安全法》的有关规定给予处罚：

（一）拒不为侦查有组织犯罪提供技术支持和协助的；

（二）不按照主管部门的要求对含有宣扬、诱导有组织犯罪内容的信息停止传输、采取消除等处置措施、保存相关记录的。

第七十三条 有关国家机关、行业主管部门拒不履行或者拖延履行反有组织犯罪法定职责，或者拒不配合反有组织犯罪调查取证，或者在其他工作中滥用反有组织犯罪工作有关措施的，由其上级机关责令改正；情节严重的，对负有责任的领导人员和直接责任人员，依法给予处分；构成犯罪的，依法追究刑事责任。

第七十四条　有关部门和单位、个人应当对在反有组织犯罪工作过程中知悉的国家秘密、商业秘密和个人隐私予以保密。违反规定泄露国家秘密、商业秘密和个人隐私的，依法追究法律责任。

第七十五条　国家工作人员有本法第五十条、第五十二条规定的行为，构成犯罪的，依法追究刑事责任；尚不构成犯罪的，依法给予处分。

第七十六条　有关单位和个人对依照本法作出的行政处罚和行政强制措施决定不服的，可以依法申请行政复议或者提起行政诉讼。

第九章　附　　则

第七十七条　本法自 2022 年 5 月 1 日起施行。

关于《中华人民共和国反有组织犯罪法（草案）》的说明

——2020 年 12 月 22 日在第十三届全国人民代表大会常务委员会第二十四次会议上

全国人大常委会法制工作委员会副主任　李　宁

委员长、各位副委员长、秘书长、各位委员：

我受委员长会议委托，作关于《中华人民共和国反有组织犯罪法（草案）》的说明。

一、制定反有组织犯罪法的必要性和起草过程

新中国成立后，党和政府采取高压严打政策，彻底清除了旧中国遗留下来的黑恶势力。改革开放以来，受多方面因素影响，黑恶势力在一些地方又沉渣泛起。1997 年刑法规定了组织、领导、参加黑社会性质组织罪。此后，根据实践需要，立法和司法机关通过刑法修正案、法律解释、司法解释等形式，对相关规定作了完善。扫黑除恶专项斗争开展以来，针对司法实践中的新情况、新问题，全国扫黑除恶专项斗争领导小组办公室协调中央纪委国家监委和中央政法单位发布了依法办理恶势力、“套路贷”刑事案件的规定等10个法律政策文件。从总体上看，我国现有反有组织犯罪的法律制度虽具备一定规模，但仍比较分散、未成体系，部分文件效力位阶低，防范、治理和保障等相关法律规定比较缺乏，有必要在现有法律规定的基础上，制定一部专门的反有组织犯罪法。

按照党中央部署，全国人大常委会将制定反有组织犯罪法列入了2020年度立法工作计划，中央政法委牵头，公安部具体负责，成立了起草工作领导小组和工作专班。起草过程中，多次征求中央纪委国家监委、中央组织部、中央宣传部等23家全国扫黑除恶专项斗争领导小组成员单位和全国人大常委会法工委的意见，同时向各地各有关部门特别是基层执法部门和一线政法干警征求了意见。在总结实践经验、深入调查研究、广泛听取意见、开展专题论证、反复讨论修改的基础上，形成了草案。

二、起草工作的总体思路

起草工作坚持以习近平新时代中国特色社会主义思想为指导，认真贯彻落实习近平法治思想和以习近平同志为核心的党中央关于扫黑除恶的决策部署，依照宪法、刑法、刑事诉讼法等有关法律规定，系统总结扫黑除恶专项斗争实践经验，推动扫黑除恶工作机制化、常态化开展，提升扫黑除恶工作法治化、规范化、专业化水平，为遏制有组织犯罪滋生蔓延、推进国家治理体系和治理能力现代化提供法治保障。

起草过程中，重点把握了以下原则：一是坚持法治思维。深入把握有组织犯罪规律特点，坚持打击与预防相结合、实体与程序相结合、权力与责任相结合。二是坚持问题导向。聚焦有组织犯罪新动向，对法律规定不明确、法律适用不统一、依法惩治不精准等问题作出相应规定。三是坚持统一协调。妥善处理与刑法、刑事诉讼法及其他法律、现行规范性文件的关系，切实维护法律体系的统一性、协调性。四是从国情和实际出发，广泛听取各方面意见特别是基层的意见建议，合理借鉴境外有益经验。

三、草案的主要内容

草案共10章83条，主要规定了五个方面的内容：

（一）将党中央决策部署转化为法律，写入总则

一是规定了立法宗旨、指导思想、基本原则。二是规定了有组织犯罪概念。将有组织犯罪限定为组织、领导、参加黑社会性质组织犯罪，以及黑社会性质组织、境外黑社会组织、恶势力组织实施的具体犯罪。此外，将恶势力组织上升为法律概念，规定了信息网络有组织犯罪的认定标准。

（二）突出防治要求和责任

一是规定了预防政策和预防主体。草案明确了承担预防和治理工作的主体及其职责，综合运用法律、经济、行政、科技等手段，加强源头治理，依法建立健全科学高效的有组织犯罪预防和治理体系。二是规定了一般预防措施与特殊预防措施。草案明确了宣传教育、基层组织预防、行业监管等一般预防措施。同时，针对国内外有组织犯罪的发展态势和跨境有组织犯罪的危害性，强调对境外黑社会组织入境渗透、发展的严格防控。三是规定了相关法律责任。草案明确了具有防范义务的责任主体未尽职责时应承担的责任，明确单位和个人报案、控告、举报和救济的权利。同时，对部分危害较轻的行为，不作为犯罪处理，以实现分化瓦解、教育挽救的目的。

（三）规范情报线索处置、案件办理机制

一是确立了线索统一归口管理模式。规定核查阶段可对嫌疑财产采取紧急处置措施，对重点嫌疑人可限制出入境。同时，充分考虑保障当事人合法权益不受侵害，对相关措施设置了严格的审批程序。二是充分体现了从严打击有组织犯罪的要求。规定了软暴力手段认定、侦查措施授权、证据综合运用、特殊组织成员处理、财产刑适用等内容。为多举措降低再犯可能性，规定了减刑、假释的从严控制要求，将财产刑执行情况和配合处置涉案财产情况与减刑、假释挂钩，并对从业禁止、异地服刑、社区矫正等作了专门规定。三是规定了国际合作。规定了合作原则、合作部门及合作中取得证据材料的效力问题。

（四）固化“打财断血”“打伞破网”经验做法

一是规定了涉案财产调查相关制度。规定在侦查起诉阶段，应当全面调查涉案财产状况，金融机构等有关单位应当在法定时限内协助配合；在审判阶段，人民法院应当准确认定涉案财产权属性质。二是规定了对涉案财产的处理措施。规定办案单位对涉案财产可以采取价值认定、保管、先行处置、移送、提出处理建议等措施；人民法院经审理，可以对涉案财产、第三人取得的涉案财物或其他等值财产分别作出返还、追缴、没收等判决。三是规定了对国家工作人员涉有组织犯罪的查处。将查办国家工作人员涉有组织犯罪明确为反有组织犯罪工作重点，构建国家工作人员涉有组织犯罪线索移送制度，明确从重处罚和从重处分情形；对于针对从事反有组织犯罪工作的执法、司法人员的举报，规定审慎原则，对匿名举报可以不予受理，对诬告陷害从严处理等制度。

（五）明确相关保障制度

一是规定了组织保障。规定公安机关和有关部门应当建立反有组织犯罪工作专门机构，提升反有组织犯罪工作能力。二是规定了制度保障。规定对证人、鉴定人、被害人和报案人、控告人、举报人的特殊保护制度。三是规定了物质保障。规定县级以上地方各级人民政府应当按照事权划分，将反有组织犯罪工作经费列入财政预算，给予必要的经费支持。

反有组织犯罪法（草案）和以上说明是否妥当，请审议。

全国人民代表大会宪法和法律委员会关于《中华人民共和国反有组织犯罪法（草案）》修改情况的汇报

全国人民代表大会常务委员会：

常委会第二十四次会议对反有组织犯罪法草案进行了初次审议。会后，法制工作委员会将草案印发各省、自治区、直辖市人大常委会、中央有关部门及部分高等院校、研究机构、基层立法联系点征求意见，在中国人大网全文公布草案，征求社会公众意见。宪法和法律委员会、法制工作委员会还到一些地方进行调研，并就草案的有关问题与中央纪委国家监委、中央政法委、最高人民法院、最高人民检察院、公安部、国家安全部、司法部等部门交换意见，共同研究。宪法和法律委员会于7月16日召开会议，根据常委会组成人员的审议意见和各方面意见，对草案进行了逐条审议。中央政法委、公安部有关负责同志列席了会议。7 月 28 日，宪法和法律委员会召开会议，再次进行了审议。现将反有组织犯罪法草案主要问题的修改情况汇报如下：

一、草案第二条中规定了有组织犯罪和恶势力组织的概念。有的常委委员、地方和部门提出，草案关于恶势力组织概念的界定，与扫黑除恶专项斗争中的有关指导意见和实践中掌握的标准不尽一致，可能导致将恶势力犯罪泛化到一般的团伙犯罪，打击面过大。同时，有组织犯罪的概念应明确与境外黑社会组织有所区别，并处理好对境外黑社会组织的法律适用问题。宪法和法律委员会经研究，建议作出以下修改：一是，根据专项斗争的实践经验，在恶势力组织的概念中增加“在一定区域或者行业领域内”“扰乱经济、社会生活秩序，造成较为恶劣的社会影响”的特征条件。二是，增加一款，明确境外黑社会组织在我国境内发展组织成员、实施犯罪，以及在境外对我国国家或者公民实施犯罪的，适用本法。

二、草案第三条中对构建具有中国特色的打击、防范、治理有组织犯罪制度作了规定。第十条中规定，有关国家机关共同履行有组织犯罪预防和治理工作职责。有的地方和部门建议总结扫黑除恶专项斗争经验，在草案中增加建立健全反有组织犯罪工作机制、将有组织犯罪预防和治理工作纳入考评体系的规定。宪法和法律委员会经研究，建议采纳这一意见。

三、草案第十三条规定了教育部门防范有组织犯罪的职责。有的常委会组成人员、地方和部门建议进一步完善涉及未成年人的反有组织犯罪工作的规定。宪法和法律委员会经研究，建议作出以下修改：一是，完善学校的防范职责和报告义务。二是，增加有关部门对未成年人开展反有组织犯罪宣传教育的规定。三是，规定对涉及未成年人的有组织犯罪活动依法从重追究刑事责任等。

四、草案第四十六条规定，对于不宜查封、扣押、冻结的经营性财产，公安机关、人民检察院、人民法院可以报请同级人民政府指定有关部门或者委托有关机构代管或者托管。草案第五十二条对应当追缴、没收的财产转移到第三人后应当依法追缴的情形作了规定。有的地方、部门提出，涉案财产代管、托管涉及财产权益处置，属于民事法律制度调整的范围，现行民事、公司法律中没有相关基础性规定；实践中的情况比较复杂，各地做法不尽相同，对于代管、托管双方的权利义务以及造成损失的后果承担、法律责任等问题存在不同认识，目前难以在法律中作出统一规定。同时，第三人善意取得涉案财物是否追缴的问题比较复杂，涉及被害人和善意第三人财产的合理处置，各方面还存在不同认识，从案件处理的政治和社会效果考量，目前根据实际情况灵活处理较为妥当。宪法和法律委员会经研究，建议本法对上述两个问题暂不作规定，可在实践中进一步探索，待取得成熟经验后再在法律中规定。

五、草案第五十条第五项中规定，确实无法查清涉案财产权属，但有证据证明涉案财产与有组织犯罪存在关联，被告人无法说明财产合法来源的，应当予以没收。有的地方和部门提出，这有利于实现“打财断血”，铲除有组织犯罪的经济基础。但对这种犯罪组织及其成员的财产，还是应尽力查清其状况，并在本法中对证明涉案财产与有组织犯罪存在关联的证据标准作出明确规定，防止造成滥用。宪法和法律委员会经研究，建议：一是，吸收有的地方的成功经验，增加规定办理有组织犯罪案件，办案机关可以全面调查该犯罪组织及其成员的财产状况。二是，参照联合国打击跨国有组织犯罪公约，吸收有关司法解释的规定，将草案第五十条第五项有关规定修改为：被告人实施黑社会性质组织犯罪的定罪量刑事实已经查清，有足够的证据证明其在犯罪期间获得的财产高度可能属于黑社会性质组织犯罪的违法所得及其孳息、收益，被告人无法说明财产合法来源的，应当依法予以追缴、没收。

六、有的常委委员、地方、部门和社会公众建议增加保障涉案个人和单位合法权益的内容。宪法和法律委员会经研究，建议与刑事诉讼法等相衔接，作出以下修改：一是，对因犯组织、领导黑社会性质组织罪被判处刑罚的刑满释放人员的个人财产及日常活动报告制度的审批，由县级以上公安机关审批修改为设区的市级以上公安机关审批。二是，增加对有组织犯罪的犯罪嫌疑人、被告人适用认罪认罚从宽制度的规定。三是，增加对犯罪嫌疑人、被告人采取异地羁押、分别羁押或者单独羁押等措施依法通知其家属和辩护人的规定。四是，明确公安机关采取技术侦查、控制下交付等措施应当依照刑事诉讼法的规定进行。五是，增加规定涉案财物处置应当严格依照法定条件和程序进行，依法保护公民和组织的合法财产权益。六是，明确涉案财物处置应当保障利害关系人的有关诉讼权利。七是，进一步完善对证人、鉴定人、被害人、举报人等的保护措施。

七、有的地方、部门和社会公众提出，对国家工作人员涉有组织犯罪的违法犯罪行为应当从重处罚，建议根据刑法等法律规定，在本法中作出明确规定，便于司法实践中掌握。宪法和法律委员会经研究，建议进一步明确有关违法和犯罪行为的类型，完善有关法律责任的规定。

此外，还对草案作了一些文字修改。

草案二次审议稿已按上述意见作了修改，宪法和法律委员会建议提请本次常委会会议继续审议。

草案二次审议稿和以上汇报是否妥当，请审议。

全国人民代表大会宪法和法律委员会

2021 年 8 月 17 日

全国人民代表大会宪法和法律委员会关于《中华人民共和国反有组织犯罪法(草案)》审议结果的报告

全国人民代表大会常务委员会:

常委会第三十次会议对反有组织犯罪法草案进行了二次审议。会后，宪法和法律委员会、法制工作委员会联合召开座谈会，听取中央有关部门、全国人大代表和有关专家学者的意见。法制工作委员会在中国人大网全文公布草案，再次征求社会公众意见；到一些地方进行调研，并就草案有关问题与中央政法委、公安部等部门交换意见，共同研究。宪法和法律委员会于11月10日召开会议，根据委员长会议精神、常委会组成人员审议意见和各方面的意见，对草案进行了逐条审议。中央政法委、公安部有关负责同志列席了会议。11月30日，宪法和法律委员会召开会议，再次进行了审议。宪法和法律委员会认为，贯彻落实党中央关于扫黑除恶常态化的决策部署，总结扫黑除恶专项斗争的实践经验，制定反有组织犯罪法，是必要的。草案经过两次审议修改，已经比较成熟。同时，提出以下主要修改意见：

一、草案二次审议稿第十一条规定，民政部门应当会同有关部门对村民委员会、居民委员会成员候选人资格进行审查，发现有组织犯罪线索的，应当及时移送公安机关。有的常委委员和部门提出，对“两委”候选人资格进行审查，是为了防止黑恶势力向基层组织渗透，审查中发现因实施有组织犯罪受过刑事处罚的，应当作出处理。宪法和法律委员会经研究，建议根据党中央加强基层组织建设、防范和整治“村霸”的有关文件精神，增加规定，发现因实施有组织犯罪受过刑事处罚的，应当依照有关规定及时作出处理。

二、草案二次审议稿第十二条第一款规定，教育行政部门、学校应当会同有关部门建立防范有组织犯罪侵害校园工作机制，加强反有组织犯罪宣传教育，增强未成年人防范有组织犯罪的意识和能力，教育引导未成年人自觉抵制有组织犯罪，防范有组织犯罪的侵害。有的常委委员、专家学者和社会公众提出，在校学生无论是否成年，都应当加强对他们的反有组织犯罪教育。宪法和法律委员会经研究，建议将上述规定中的“未成年人”修改为“学生”。

三、草案二次审议稿第四十条规定了查封、扣押、冻结、处置涉案财物的程序和规范，第六十九条规定了对尚不构成犯罪的涉黑涉恶违法行为的行政处罚。有的地方建议增加对被害人的合法财产应当及时返还和对违法所得应当予以没收的规定。宪法和法律委员会经研究，建议采纳上述意见。

四、草案二次审议稿第七十条规定，违反本法第十九条规定的报告制度的，由公安机关给予警告，并责令改正；拒不改正的，处三万元以下罚款。有的常委委员和部门提出，草案二次审议稿规定的处罚力度不够，建议对拒不改正的，增加拘留的处罚措施。宪法和法律委员会经研究，对于拒不改正的，建议增加规定五日以上十日以下拘留。

此外，还对草案二次审议稿作了一些文字修改。

12 月 3 日，法制工作委员会召开会议，邀请部分全国人大代表、专家学者和基层政法部门、村民委员会、律师等方面的代表，就草案中主要制度规范的可行性、法律出台时机、法律实施的社会效果和可能出现的问题等进行评估。与会人员普遍认为，草案深入贯彻落实党中央决策部署，坚持从国情和实际出发，坚持法治思维和问题导向，系统总结扫黑除恶斗争的实践经验，突出预防和惩治的要求，明确了一系列的重要制度措施，对于保障在法治轨道上常态化开展扫黑除恶工作，建设更高水平的平安中国、法治中国，具有重要意义。

草案经过修改，充分吸收了各方面意见，制度设计更加合理，具有较强的针对性和可操作性，已经比较成熟，建议尽快审议通过。与会人员还对草案提出了一些具体修改意见，宪法和法律委员会对有的意见已经采纳。

草案三次审议稿已按上述意见作了修改，宪法和法律委员会建议提请本次常委会会议审议通过。

草案三次审议稿和以上报告是否妥当，请审议。

全国人民代表大会宪法和法律委员会

2021 年 12 月 20 日

全国人民代表大会宪法和法律委员会关于《中华人民共和国反有组织犯罪法（草案三次审议稿）》修改意见的报告

全国人民代表大会常务委员会：

本次常委会会议于12月21日上午对反有组织犯罪法草案三次审议稿进行了分组审议。普遍认为，草案已经比较成熟，建议进一步修改后，提请本次常委会会议表决通过。同时，有些常委会组成人员和列席人员还提出了一些修改意见和建议。宪法和法律委员会于12月21日晚召开会议，逐条研究了常委会组成人员和列席人员的审议意见，对草案进行了审议。中央政法委有关负责同志列席了会议。宪法和法律委员会认为，草案是可行的，同时，提出以下修改意见：

一、草案三次审议稿第二十二条第二款中规定，对于有组织犯罪的组织者、领导者和骨干成员，应当严格掌握取保候审、不起诉、缓刑、减刑、假释和暂予监外执行的适用条件，充分适用剥夺政治权利、没收财产等刑罚。有的常委委员提出，根据刑法有关规定，对有组织犯罪的罪犯还可以适用罚金刑，建议予以明确。宪法和法律委员会经研究，建议增加适用罚金刑的规定。

二、草案三次审议稿第七十一条规定了对金融机构等相关单位未依照本法规定协助公安机关采取紧急止付、临时冻结措施的处罚。有的常委委员提出，对于这类不配合执法的行为，应当先由公安机关责令改正，对拒不改正的再予以处罚，并增加公安机关对有关责任人员建议主管部门给予处分的规定。宪法和法律委员会经研究，建议采纳这一意见。

经与有关部门研究，建议将本法的施行时间确定为2022年5月1日。

此外，根据常委会组成人员的审议意见，还对草案三次审议稿作了一些文字修改。

草案修改稿已按上述意见作了修改，宪法和法律委员会建议本次常委会会议审议通过。

草案修改稿和以上报告是否妥当，请审议。

全国人民代表大会宪法和法律委员会

2021年12月24日